미래로의 여행

이 책을 위해 애써 준 과학자, 공학자, 작가, 화가들에게.
밖으로 나아가 우리의 지구를 바꾸어 보자! – 모이라 버터필드
미래를 상상하는 건 멋진 모험이다. – 파고 스튜디오

A TRIP TO THE FUTURE

First published in the UK in 2020 by Templar Books,
an imprint of Bonnier Books UK,
The Plaza, 535 King's Road, London, SW10 0SZ

www.templarco.co.uk
www.bonnierbooks.co.uk

Text copyright © 2020 by Moira Butterfield

Illustration copyright © 2020 by FagoStudio

Design copyright © 2020 by Templar Books

1 3 5 7 9 10 8 6 4 2

All rights reserved

Edited by Ruth Symons and Joanna McInerney

Designed by Kieran Hood

Production Controller: Nick Read

Printed in Korea

이 책은 저작권자와의 독점계약으로 애플트리태일즈에서 출간되었습니다.
저작권법에 의해 한국 내에서 보호를 받는 저작물이므로 무단전재와 복제를 금합니다.

미래로의 여행 처음 펴낸날 2021년 8월 10일 | 4쇄 펴낸날 2023년 12월 7일 | **지은이** 모이라 버터필드
그린이 파고 스튜디오 | **옮긴이** 박여진 | **펴낸이** 김옥희 | **펴낸곳** 애플트리태일즈 | **출판등록** (제16-3393호)
주소 서울시 강남구 테헤란로 201(아주빌딩), 501호 (우)06141
전화 (02)557-2031 | **팩스** (02)557-2032 | **홈페이지** www.appletreetales.com
가격 19,500원 | ISBN 979-11-87743-96-5 (73500)

어린이제품 안전특별법에 의한 기타 표시사항

품명 : 도서 | **제조 연월** : 2023년 12월 | **제조자명** : 애플트리태일즈 | **제조국** : 대한민국 | **사용연령** : 8세 이상
주소 : 서울시 강남구 테헤란로 201, 5층(02-557-2031)

미래로의 여행

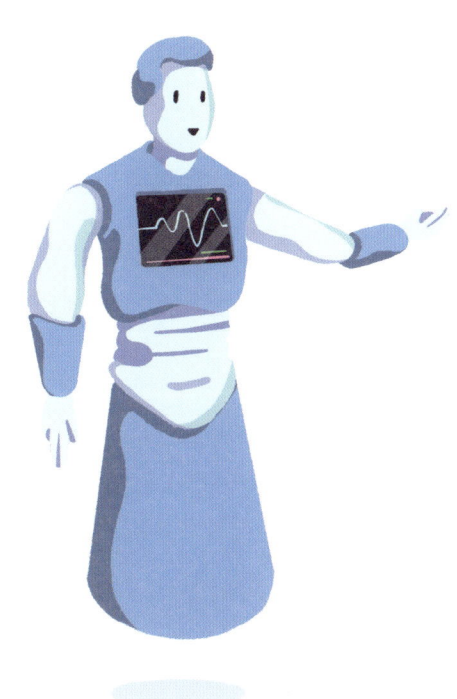

모이라 버터필드 글 | 파고 스튜디오 그림 | 박여진 옮김

목차

5   미래 속으로
6   도우미 로봇(상점)
8   똑똑한 우리 집
10 최첨단 옷
12 미래의 카페
14 꿈의 세계
16 브레인터넷 방문을 환영합니다
18 미래의 도시
20 미래의 건강 생활
22 하늘 정원
24 최첨단 보조기
26 슈퍼 스포츠
28 안드로이드 쇼핑몰
30 미래의 학교
32 재활용은 여기서
34 초소형 기계들 집합!
36 미래로 가는 길
38 수상 도시
40 매머펀트 사파리
42 친환경 비행기
44 태양광 항해
46 우주 엘리베이터
48 우주 호텔
50 소행성 발굴
52 화성으로 오세요
54 테라포밍 시대
56 우주 정원
58 과학의 미래
60 용어 해설
62 찾아보기
63 감사의 글

미래 속으로

여러분은 모든 게 자동화된 집과 로봇이 움직이는 도시, 공중 정원 그리고 오염 물질을 없애는 자동차와 비행기, 우주 호텔, 그리고 화성에 있는 학교로 떠날 준비가 되어 있나요? 말하는 화장실, 컴퓨터화 된 바지, 수초로 만든 햄버거와 달에서 타는 트램펄린은 어때요?

미래가 다가오고 있어요. 아직 무슨 일이 일어날지 모르지만, 미래에는 놀라운 발명들이 가득할 거예요. 이 책에 나오는 모든 아이디어는 오늘날 과학자들이 연구하고 있는 것들이에요. 몇 년 안에 실현될 아이디어들이지요.

미래의 삶은 놀라운 과학으로 가득할 거예요. 어쩌면 여러분이 현실화될 수 있게 도움을 줄 수 있을 거예요. 자, 이제 재미있고, 신기하고, 현실적인 놀라운 세상 속으로 들어가 봐요. 미래로 출발!

도우미 로봇
부지런한 일꾼 친구 있어요!

로봇은 어떤 작업을 반복해서 자동으로 수행하는 기계예요. 여러분도 집에서 청소하는 로봇 청소기를 본 적이 있죠? 우주에도 다양한 도움을 주는 로봇이 있어요. 바로 사이먼(CIMON)이랍니다. 사이먼은 '대원들과 소통하는 이동식 친구'라는 의미의 영어를 줄인 이름이에요. 현재 사이먼은 국제 우주 정거장에서 테스트 중이에요. 공처럼 둥근 모습에 둥둥 떠다니며, 웃는 얼굴로 질문에 대답도 하고 음악도 틀어 준답니다. 처음엔 대답도 틀리고 같은 음악을 계속 반복해서 틀곤 했대요. 이런 점만 보더라도 이 책에 등장하는 로봇들을 마트에서 살 수 있기까지는 좀 기다려야겠지요.

(상점)

언젠가 누구나 로봇 하나씩을 갖게 될 날이 올 거예요. 친구처럼 늘 함께하고 집안일도 도와줄 로봇이요. 그렇게 되면 '도우미 로봇 상점'에 가서 최신형 휴대용 로봇을 고를 수도 있겠죠.

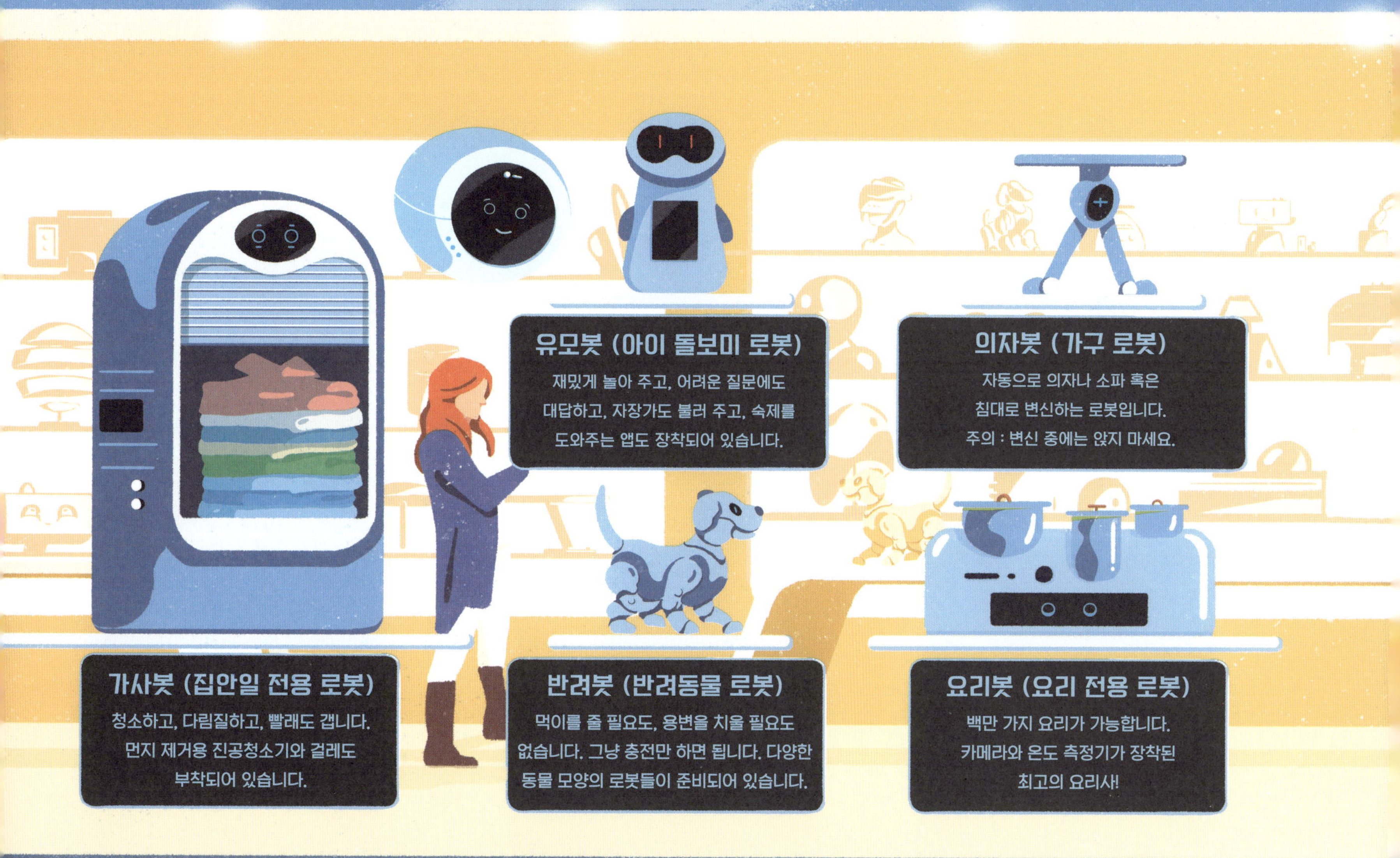

유모봇 (아이 돌보미 로봇)
재밌게 놀아 주고, 어려운 질문에도 대답하고, 자장가도 불러 주고, 숙제를 도와주는 앱도 장착되어 있습니다.

의자봇 (가구 로봇)
자동으로 의자나 소파 혹은 침대로 변신하는 로봇입니다.
주의 : 변신 중에는 앉지 마세요.

가사봇 (집안일 전용 로봇)
청소하고, 다림질하고, 빨래도 갭니다. 먼지 제거용 진공청소기와 걸레도 부착되어 있습니다.

반려봇 (반려동물 로봇)
먹이를 줄 필요도, 용변을 치울 필요도 없습니다. 그냥 충전만 하면 됩니다. 다양한 동물 모양의 로봇들이 준비되어 있습니다.

요리봇 (요리 전용 로봇)
백만 가지 요리가 가능합니다. 카메라와 온도 측정기가 장착된 최고의 요리사!

로봇에는 센서와 카메라가 장착되어 주변을 탐지할 수 있어요. 명령에 반응하기 위해 목소리를 장착한 로봇도 있답니다. 최신형 로봇은 일하는 방식을 바꿀 수도 있지요. 로봇의 학습 능력과 변신 능력은 알고리즘이라고 하는 프로그래밍 단계가 얼마나 탑재되어 있는지에 달려 있어요. 알고리즘이란 컴퓨터 언어인 코딩을 활용해 로봇에 입력한 명령어들을 말해요.

인공 지능

- AI는 인공 지능(Artificial Intelligence)의 약자로, 오늘날 로봇에 사용되고 있어요. 인공 지능 로봇은 청소 같은 한 가지 형태의 일을 하도록 프로그램 되어 있어요.
- AGI는 범용 인공 지능(Artificial General Intelligence)의 약자로, 곧 만들어질지도 몰라요. 범용 인공 지능 로봇은 여러 가지 업무를 수행하고 새로운 업무를 학습할 수도 있답니다.
- 슈퍼인텔리전스 로봇은 인간보다 똑똑한 로봇으로, 무슨 일이든 할 수 있어요. 아직 존재하지는 않지만, 이 로봇이 꼭 이롭지만은 않을 수도 있어요. 이 로봇이 우리에게 일을 가르쳐 줄지도 몰라요.

똑똑한 우리 집
미래 1번가

미래에는 집에 말을 걸고 이런저런 일을 시키는 것이 지극히 평범한 일상이 될 거예요. 집의 겉모습이나 내부도 쉽게 바꿀 수 있고요.

미래의 집은 온갖 센서와 컴퓨터 조정 시스템이 가득해서 모든 것을 감시하고 조정할 수 있을 거예요. 냉난방은 물론이고 벽지 색, 집안을 감도는 향까지 하나하나 조절할 수 있겠죠. 심지어 화장실도 자동화되어 똑똑해질 거예요. 스스로 청소도 하고, 용변을 분석해 건강 상태도 점검해서 중요한 건강 정보를 알려 줄 거예요. 가령, 이런 식으로 말하겠죠. "지금 당신에게는 비타민C가 필요하네요. 오렌지를 드시는 게 좋겠어요."

미래의 집은 햇빛이나 풍력으로 직접 전기를 만들 거예요. 어쩌면 조류를 이용할 수도 있겠네요. 조류는 물속에 사는 식물이에요. 독일에서는 이미 미세 조류로 에너지를 얻는 건축물을 짓고 있답니다. 건물 벽 유리 패널 안에 조류를 넣어 건물을 짓는 방식이에요. 미세 조류는 햇빛을 아주 좋아하는데, 햇빛을 받으면 끈적이는 거품이 생겨요. 이때 발생하는 열로 집을 데우기도 하고, 바이오 연료를 만들기도 하고, 요리도 할 수 있답니다.(12쪽 참조)

미래의 집은 우리가 장난감 레고 놀이를 하는 것처럼, 조립용 벽돌과 이동이 간편한 벽으로 만들어져 방의 구조나 모양을 마음대로 바꿀 수 있겠죠. 동물에서 영감을 받은 재료로 지은 집들도 있을 거예요. 과학자들은 전복이 껍데기를 만들 때 사용하는 것과 똑같은 천연 화학 물질을 이용해 벽돌 만드는 법을 연구하고 있답니다. 또 순록의 뿔 속에 있는 미세한 섬유를 복제해 가볍고 튼튼한 물질을 만드는 연구도 하고 있어요. 거미가 집을 지을 때 뽑아 내는 천연 화학 물질을 이용해 초강력 섬유를 만들기도 했답니다.

미래의 집에서는 음성 명령과 응답 기술이 지금보다 훨씬 많이 사용될 거예요.

최첨단 옷
옷감에 최첨단 기술 적용

옷은 나날이 진화하고 있어요. 이미 OLEDS(유기발광다이오드)라고 하는 광회로를 아주 얇고 유연한 필름 형태로 만들어 옷에 바를 수 있는 기술이 나왔답니다. OLEDS로 코팅한 옷은 불빛을 내거나 색상을 바꿀 수 있어요. 음성 인식 기술로 옷의 색상을 바꾸거나 어두운 곳에서 불을 밝혀 달라고 명령할 수 있는 기술도 곧 나올 거예요.

언젠가는 바지에서 휴대폰을 충전하고 티셔츠에 달린 화면으로 영상을 보는 날도 올 거예요. 디자이너들은 이미 햇빛을 모으는 섬유로 옷을 만들거나 섬유가 움직일 때마다 전기를 발생시키는 아주 작은 나노 발전기를 활용해 옷을 만드는 방법도 찾았답니다.

미래의 옷에는 놀라운 소재들이 사용될 거예요. 외투와 대화하는 사람들도 심심치 않게 볼 수 있겠죠.

새로운 친환경 섬유가 발명되면 새로운 옷들이 더 많아지겠죠. 예를 들어 효모나 곰팡이, 조류를 이용하거나 가죽과 비슷한 질감을 내기 위해 액체 통에서 발효한 소재를 사용하는 등 바이오로 배양된 의류가 많아질 거예요. 포도 껍질이나 버섯, 심지어 발효된 차로도 가죽을 만들 수 있어요. 바이오 배양 옷은 입다가 닳으면 그냥 채소 껍질처럼 퇴비 더미에 버리면 돼요.

이 옷에는 음성 인식 기술이 장착되어 있습니다.
이 옷은 체온을 감지해 몸을 시원하게 해 주거나 따뜻하게 해 줍니다.
이 옷은 100% 전자 섬유로 되어 있어서 모양과 색상을 바꿀 수 있습니다.

옷이 움직이면서 발생한 전기로 각종 전자 제품을 충전할 수 있습니다.

발효된 차로 만든 가죽은 이미 사용 가능합니다. 차로 만든 가죽은 '티더'라고 해요.

여러분이 마셨던 찻잎으로 만들었어요.

미래의 카페

최고의 수초 요리와 소리 나는 쿠키!

미래의 카페에 오신 걸 환영합니다. 로봇 웨이터가 신기술을 이용해 음식을 준비하고 있어요.

곤충과 조류, 실험실에서 연구한 식품으로 모두에게 더 건강하고 저렴한 음식을 준비해요.

3D 프린터로 만든 음식을 로봇이 가져다줘요.

100% 곤충 건강 음식

난 수초 버거 먹을래.

미래의 카페에서는 디지털 메뉴판으로 주문을 해요.

실험실에서 만든 고기나 우유는 이미 존재해요. 미래의 카페에서는 이렇게 실험실에서 만든 음식이 흔해질 거예요. 3D 프린터를 갖춘 카페도 생기겠죠. 이미 파스타 반죽처럼 간단한 음식은 3D 프린터로 재료를 혼합해 만들 수 있어요. 언젠가는 '나노 입자'라고 하는 아주 작은 입자들을 섞어서 복잡하고 어려운 음식들도 척척 만들 거예요.

식전 메뉴
나노 입자 스낵 : 1,000가지가 넘는 맛 중에 골라 보세요.

주요리
먹을 수 있는 접시에 담긴 수초 버거 : 최고 품질의 수초만 사용합니다. 개구리 없는 깨끗한 수초를 보장합니다.

실험적인 미트볼과 초과학적으로 만든 밀크셰이크
모든 고기와 우유는 인근 과학 연구소에서 갓 만들어 낸 제품입니다.

디저트
농장에서 자란 곤충 팬케이크

입맛에 맞게 골라 보세요 : 귀뚜라미, 베짱이, 딱정벌레, 초파리

소리나는 쿠키(헤드폰이 제공됩니다) : 좋아하는 소리를 골라 보세요.
바삭바삭 합창곡, 초콜릿 교향곡, 쫀득쫀득한 자장가

음식을 고르세요

나노 스낵 　 수초 　 곤충 　 실험실 재배 식품

"여기 웨이터들은 아주 최첨단이구나!"

"로봇 웨이터들이 식당을 운영해요."

인간이 생존하려면 반드시 단백질을 섭취해야 해요. 단백질은 주로 고기나 달걀, 유제품, 견과류 등으로 섭취하지만, 사실 수초나 해초 같은 조류에도 들어 있답니다. 미래의 카페나 식당에는 수초로 만든 요리가 아주 많을 거예요. 심지어 먹는 접시도 나올 거예요.

음식을 즐길 때 혀의 미각뿐 아니라 소리도 맛에 영향을 미친다는 사실이 입증되었답니다. 소리에 따라 음식의 맛이 더 달콤하게 혹은 더 씁쓸하게 느껴진다고 해요. 미래의 카페에서는 음식을 먹을 때 헤드폰을 착용하고 특별한 소리를 들려 달라고 주문할지도 모르겠네요. 군침이 도는 소리를 들으며 먹으면 음식이 훨씬 더 맛있게 느껴지겠죠.

꿈의 세계
유니콘을 길들이고 공룡에게 먹이를 주세요!

모든 상상이 다 이루어지는 꿈의 세계에 가 보고 싶지 않으세요? 요정과 유니콘, 공룡이 있는 세상 말이에요. 진짜처럼 보일 뿐 아니라 진짜처럼 느껴지는 상상의 세계가 곧 올 거예요!

가상 현실은 영어로 'Virtual Reality' 인데 줄여서 VR이라고도 해요. 가상 현실은 이미 발명되었어요. 가상 현실 헤드셋을 착용하면 마치 3차원 공간에 와 있는 느낌이죠. 미래에는 가상 현실이 훨씬 더 생생하게 구현될 거예요. 가상 현실 속 세상을 만지고 느낄 수 있을 테니까요. 인체에 무해한 미세 전류가 피부에 흐르면 손가락은 실제로는 없는 대상을 만진다고 느끼게 되는 기술이 개발되었어요. 이 기술을 사용하면 공룡의 울퉁불퉁한 피부나 유니콘의 부드러운 갈기를 만지는 느낌이 들 거예요.

컴퓨터 게임 디자이너들은 옷에 진동이나 압착 센서를 달아 촉감을 주는 옷을 개발하고 있어요. 이렇게 촉감을 활용하는 기술을 '촉각 기술'이라고 해요. 이 촉각 기술을 의류에 적용하면 가상 현실을 경험할 수 있지요. 옷에서 압박이나 진동이 전달되면 어깨를 두드리는 느낌 혹은 뭔가 팔을 기어오르는 느낌이 생생하게 느껴진답니다.

정말 부드러워!

브레인터넷 방문을 환영합니다

생각의 힘이 지배하는 곳이랍니다.

요즘은 전자 제품끼리 연결해 사용하는 경우가 많지요. 그런데 뇌와 전자 제품을 연결한다면 어떻게 될까요? 뇌 인터넷 세상에 오신 것을 환영합니다. 이곳은 브레인터넷 세상이에요!

생각을 하거나 무언가를 느낄 때 뇌에서는 다양한 전자 신호들이 만들어진답니다. 만약 이 신호들을 측정해 의미를 해독할 수 있다면, 그 생각과 느낌을 컴퓨터로 전송할 수 있어요. 생각만으로도 컴퓨터에 명령을 하게 되는 거죠. 2017년, 남아프리카공화국의 과학자들이 처음으로 뇌 신호를 인터넷에 보냈답니다. 몇몇 뇌 신호들은 이미 해독되어 로봇의 팔과 다리를 움직이는 데 사용되고 있어요.(24쪽 참조) 하지만 인간의 뇌에서 만들어지는 수많은 신호를 다 해독하려면 오랜 시간과 많은 연구가 필요하답니다. 브레인터넷은 여전히 미래의 일이죠.

언젠가는 뇌에 미세한 전기 자극을 보내 다른 감정을 느끼게 할 수 있을 거예요. 사람들과 문자나 음성 메시지뿐 아니라 감정을 주고받을 수 있는 시대가 오는 거죠.

그렇게 되면 뇌에 전기 자극을 보내는 장치를 착용할 수도 있고 뇌에 전자 칩을 삽입할 수도 있어요. 어때요? 괜찮은 아이디어 같나요? 이 기술이 발명된다 해도 어쩌면 사람들이 원하지 않을 수도 있어요.

동물은 인간의 말을 하지 않지만 몸짓과 소리로 감정을 표현하지요. 동물의 언어를 이해하는 과학 연구는 이미 이루어지고 있어요. 꼬리를 흔드는 모습이나 야옹 하는 소리를 분석해 정확한 의미를 해독할 수 있게 되었지요. 언젠가 동물의 뇌 신호를 모두 해독하게 되면 우리 반려동물이 무엇을 생각하는지 알 수 있겠네요.

미래의 도시
구석구석 과학으로 가득 찬 도시

오늘날 연구 중인 발명품들 덕분에 미래에는 세계 여러 도시의 풍광과 소리가 달라질 거예요.

3D 프린터로 콘크리트 건물을 짓는다면 도시의 건물 풍경도 많이 달라지겠죠. 비계(건축물을 짓기 위해 건물 외벽에 설치하는 안전 작업대)나 콘크리트 벽돌도 필요 없을 거예요. 대신 움직이는 로봇 팔이 건물 벽을 쌓고 벽돌층마다 파이프 작업을 하겠죠.

건물들도 엄청나게 높아질 거예요. 초고층 건물은 강한 바람을 견디도록 곡선 형태로 지어야 해요.

오래된 건물들은 망사 덮개로 덮을 수 있어요.

고층 농장 건물들 멋지지 않아?

머지않아 건물 외벽은 모두 태양광 페인트로 칠해질 거예요. 빛에 민감한 작은 입자들로 된 태양광 페인트는 태양 빛을 모아 에너지로 사용할 수 있어요. 광고나 예술 작품에도 태양광 페인트가 사용되겠죠.

오래되고 낡은 건물들을 굳이 부수거나 다시 짓지 않아도 괜찮아요. 스스로 청소하는 기능이 있는 투명 망사 덮개로 덮어 두면 되니까요. 이미 국제 건축 기업 라바(LAVA)에서 이 건물 덮개를 만들었답니다. 이 덮개는 건축물을 보호하고, 새 기능을 업데이트하고, 태양 에너지와 컴퓨터를 연결해 주지요.

비좁은 도시에서는 공간을 절약해 주는 고층 건물이 인기 있어요. 건물들은 나날이 높아지고 있죠. 엄청나게 높은 건물은 바람을 잘 견디도록 곡선 모양으로 지어야 해요. 이런 건축 디자인은 '와류 방출'이라는 개념을 적용한 방식이에요.

진짜 로보캅

미래에는 로봇이 경찰 같은 공무를 볼 수도 있어요. 아랍 에미리트의 두바이에는 이미 로봇 경찰관이 있답니다. 로봇에 장착된 터치스크린을 이용해 범죄를 신고할 수도 있지요. 현재는 도시 안내 용도로 주로 활용되고 있어요.

초고층 건물들은 공중에 설치한 스카이레일을 타고 이동해요.

이 건물은 3D 프린터로 짓는 중이에요.

고층 농장 건물은 실내 정원과 작물을 재배하는 밭으로 가득한 건물이에요. 벨기에의 건축가 뱅상 칼보는 미래 지향적인 식물 건축물로 유명하죠. 머지않아 도시 곳곳에 이런 건축물들이 지어질 거예요.

명령만 내려 주십시오. 사이버 서비스입니다.

미래의 건강 생활

미래의 병원은 병을 더 잘 치료할 수 있는 새로운 기술을 이용하게 될 거예요.

하루 두 번, 나노 로봇으로 검사하세요.

나노 로봇 병실

감염 방지를 위해 벽에는 생체 활성 페인트를 사용해요.

의사가 컴퓨터 게임 조종기와 비슷한 장치로 나노 로봇을 조종해 몸 구석구석을 살필 거예요.

지금 나노 로봇이 당신의 위에 관한 정보를 전송하고 있습니다. 다 좋아 보이네요.

테디 베어 모니터를 보니 네 상태가 훨씬 좋아졌구나.

개인 로봇이 담당 환자의 상태를 꼼꼼히 확인해요.

바이오 침구를 사용해 바이러스와 질병이 퍼지는 걸 방지해요.

로봇 간호사는 환자의 간단한 상태를 확인해요.

박테리아와 싸우고 감염 확산을 막아 주는 생체 활성 물질을 활용하는 병원이 점점 늘고 있어요. 바이오 붕대는 이미 사용되고 있어요. 머지않아 바이오 침구와 커튼도 사용될 거예요. 병원에 있는 다른 물건들, 가령 탁자, 수도꼭지, 문 등에도 모두 바이오 코팅을 하게 될 거예요.

나노 로봇은 다양한 일을 하도록 만들어진 아주 작은 크기의 기계 장치랍니다. 의료용 나노 로봇은 몸속에 넣을 수도 있어요. 크기가 정말 작아서 혈관에 삽입돼 혈액을 타고 몸 구석구석을 살피며 다닌답니다. 그러다가 문제를 발견하면 약물을 공급하거나 박테리아와 싸우기도 하지요.

이미 바이오 프린터라고 하는 3D 프린터를 활용해 피부나 귀 같은 인간의 신체 일부를 만들 수 있답니다. 프린터가 잉크를 활용하듯 바이오 프린터는 인간의 세포를 활용하지요. 아직은 심장이나 폐처럼 복잡하고 섬세한 기관을 통째로 만들지는 못하지만 언젠가는 이런 기관들도 만들 수 있는 날이 올 거예요.

간호사 ZX22A/8 입니다. 그냥 Z 라고 부르세요.

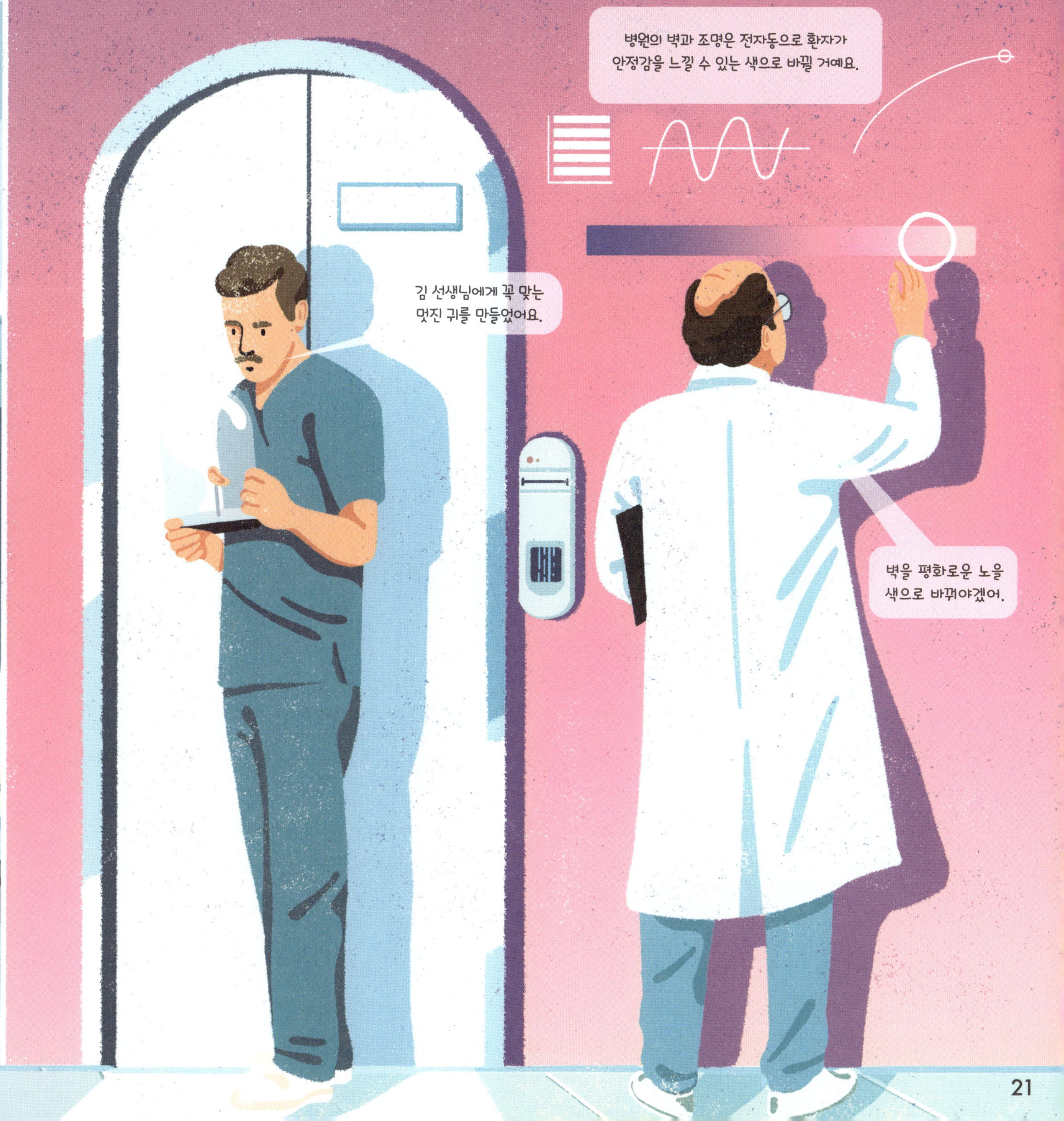

병원의 벽과 조명은 전자동으로 환자가 안정감을 느낄 수 있는 색으로 바뀔 거예요.

김 선생님에게 꼭 맞는 멋진 귀를 만들었어요.

벽을 평화로운 노을 색으로 바꿔야겠어.

하늘 정원
반짝이는 나무들과 정화 식물들

미래의 공원은 오늘날 도시에 있는 공원과는 많이 다를 거예요.
미래의 공원은 머리 위 높이 있어서 물을 절약하고 환경 오염도 막아 줄 거예요.

미래의 도시에는 하늘 높이 공원이 조성될 거예요. 공간도 절약하고, 마을 둘레에 설치된 녹지를 따라 사람과 야생 동물들이 안전하게 다닐 수 있겠죠. 이미 오래된 고가 도로나 철도를 하늘 정원으로 바꾼 도시들도 있답니다.

어떤 식물은 공기 중의 유해 가스나 토양의 유독성 물질을 흡수해요. 이런 식물들은 오염 물질을 흡수해도 상하지 않아서 주변 환경을 정화시켜 주지요. 앞으로는 도시 곳곳에 잎사귀 무성한 식물 청소부들을 더 많이 심을 거예요. 고무나무나 담쟁이넝쿨, 양치식물, 야자나무 등이 대표적인 식물 청소부랍니다.

미국 매사추세츠 공과 대학 과학자들은 빛을 내는 나노 입자를 식물에 주입하는 방법을 알아냈어요. 어두운 곳에서도 식물이 빛을 낼 수 있게 되었죠. 이런 식물들을 나노바이오닉 식물이라고 해요. 나노 입자는 반딧불이가 빛을 낼 때 사용하는 화학 물질을 모방해 만들었어요. 언젠가 스스로 빛을 내는 나무가 생긴다면 길거리에 가로등 대신 이 나무를 심어도 될 거예요.

과학자들은 현대 도시의 열을 측정하기 위해 위성 센서를 사용하고 있어요. 그런데 나무가 무성한 공원이나 도시는 그렇지 않은 곳에 비해 그늘이 많아 온도가 낮고 식물 잎사귀에서 증발하는 수분의 양도 적다는 사실을 알게 되었어요. 도시에 나무를 많이 심으면 더운 여름을 건강하게 잘 보낼 수 있답니다.

유리 돔을 설치해 공원 일부를 보호할 수 있어요.

여기 너무 좋아. 공기가 정말 상쾌해!

용감한 사람들은 공중그네도 탈 수 있겠죠.

빗물 집수

미래의 공원에서는 빗물 한 방울도 버려지지 않을 거예요. 빗물이 배수관을 타고 흘러 내려 저장용 탱크로 모이지요. 이렇게 저장한 물은 더운 계절이나 가뭄에 요긴하게 사용해요. 이젠 여러분도 작은 빗물 정원들이 눈에 들어올 거예요. 빗물 정원에는 빗물을 받는 통이나 구덩이가 있답니다. 이렇게 모은 빗물을 식물이 가득한 연못으로 흘려보내지요.

인간+로봇
최첨단 보조기

사이보그들이 오고 있어요! 하지만 겁먹지 마세요. 사이보그는 일부는 인간이고 일부는 로봇이에요. 보통 영화나 소설 속 사이보그들은 힘센 악당으로 그려져요. 하지만 현실에서 사이보그 과학은 인간에게 큰 도움을 주고 있답니다.

이미 팔이나 다리 같은 신체 일부를 대체하는 로봇이 있답니다. 이 로봇들은 신체 장애가 있는 사람의 몸에 장착돼 큰 도움을 주지요. 이런 로봇 신체 기관을 바이오닉 기관이라고 하는데, 사람의 뇌에서 보내는 신호를 인식해 움직인답니다.(16쪽 참조) 로봇 신체 기관은 뇌에 신호를 전달해 촉감을 느끼도록 해 줘요. 바이오닉 기관과 인간의 뇌 사이의 연결 작용을 뉴럴 링크(신경 연결)라고 해요. 뉴럴 링크는 생체 공학 기술이 발전하면서 점점 더 발전하고 있답니다.

외골격 옷이란 팔다리를 움직이게 해 주거나 다친 신체 부위를 쉽게 움직이도록 하기 위해 만들어진 로봇 겉옷이에요. 이미 팔이나 다리에 착용하는 외골격 옷은 사용되고 있으며 휠체어 없이 몸을 움직일 수 없는 사람을 위한 전신 외골격 옷도 개발 중이랍니다.

현재 휠체어를 완전히 대체할 수 있는 외골격 옷은 실험 단계에 있어요. 게다가 외골격 옷이나 바이오닉 신체 기관은 비싸답니다. 하지만 미래가 되면 이런 옷들도 저렴해져서 많은 사람들이 이용할 수 있겠죠.

슈퍼 스포츠
신기록을 깨는 과학

미래에는 최첨단 기술 장비를 착용한 스포츠 스타들이 현재의 스포츠 신기록을 모두 깰 수도 있어요.

외골격 소매를 착용한 양궁 선수는 더 힘껏 활을 쏠 수 있어요.

VR을 이용해 육상 선수가 공룡과 달리기 경주를 할 수 있어요.

풍광을 바꿀 수 있는 디지털 고글로 미래에는 누구나 가상 세계에서 운동을 즐길 수 있어요.(14쪽 참조) 예를 들어 최첨단 고글을 착용하고 수영하면 동네 수영장도 산호초가 있는 바닷속처럼 보이죠. 디지털 고글을 착용하고 올림픽 스타나 공룡 혹은 외계인과 달리기 시합을 할 수도 있어요.

특별한 외골격 옷(24쪽 참조)을 입고 세계 최고의 달리기 선수처럼 달릴 수 있어요. 말처럼 빠르게 달리거나 투포환을 엄청나게 멀리 던질 수도 있지요. 디지털 렌즈를 착용하고 활을 쏘면 아주 먼 거리에 있는 과녁도 정확하게 맞출 수 있어요.

안드로이드 쇼핑몰

도움을 줄 안드로이드들이 준비되어 있습니다.

안드로이드 로봇은 인간의 외모와 행동을 닮은 로봇이에요. 지금은 안드로이드 로봇이 아주 적은 데다 동작이나 말투가 인간과 달라서 쉽게 구분할 수 있지요. 하지만 과연 미래에도 그럴까요? 안드로이드가 운영하는 쇼핑몰을 함께 구경해요.

요즘 나오는 최신 안드로이드의 인공 피부는 진짜 피부와 비슷해요. 실리콘으로 만들어 신축성이 좋고, 부드러운 데다 진짜 사람 얼굴처럼 작은 모공까지 있답니다. 전류를 감지하는 미세한 나노 섬유와 혼합하면 로봇도 뜨거운 것과 차가운 것을 감지할 수 있어요. 미래의 안드로이드 피부는 인간의 피부처럼 따뜻할 거예요.

사람처럼 움직일 수 있는 로봇을 만들기란 쉽지 않답니다. 과학자들은 로봇에게 눈을 깜박이는 동작이나 숨 쉬는 동작 등을 적용하기도 하는데, 자연스럽게 걷는 동작은 너무 어려워서 여전히 과제로 남아 있답니다.

인간과 거의 비슷하게 생긴 안드로이드는 큰 문제가 있어요. 사람들은 그렇게 비슷하게 보이는 것을 별로 좋아하지 않고 심지어 두려워하기도 해요. 로봇 생산자들은 이렇게 인간과 비슷하게 생긴 로봇을 '불쾌한 골짜기'(언캐니 밸리 : 인간과 비슷해 보이는 로봇을 보면 생기는 두려움)에 있다고 표현해요. 사람들은 친근한 장난감 같은 로봇을 더 좋아한다는 의미죠. 안드로이드가 인간과 구분되지 않을 정도로 감쪽같아지지 않는 한 사람들은 불쾌함을 느낄 거예요.

홀로그램 안내판은 쇼핑객이 원하는 정보를 제공합니다.

유용한 안드로이드

오늘날 안드로이드는 약 50개가 넘는 표정을 짓고, 노래하고, 피아노도 연주하지만, 미래의 쇼핑몰에 있는 안드로이드와는 비교도 되지 않을 거예요. 미래의 안드로이드는 사람의 말투와 표정을 인식해 자연스럽게 반응할 거예요. 안드로이드는 정보를 준다든지 인간에게 도움이 되게 만들어지고 있어요.

미래의 학교
보조 로봇과 거대한 고래

미래의 학교에는 우리의 학교생활을 도와주는 로봇이 있을 거예요. 어쩌면 다른 행성에 학교가 생길 수도 있지요. 그래도 여전히 진짜 선생님이 계실 거예요. 선생님이 영상도 보여 주고 학습 정보도 띄워 주시겠죠.

로봇 보조 교사가 수업 시간에 다른 짓을 하는 학생을 잡아내기도 하고, 열심히 하는 학생을 칭찬할 수도 있어요.

잘했어요!

머지않아 수업 시간에 증강 현실을 사용하게 될 수도 있어요. 증강 현실이란 실제 세계에 3차원 이미지를 겹쳐서 보여 주는 방식으로, 앞으로는 수업에 필요한 정보를 증강 현실로 보게 될 수도 있어요. 증강 현실 홀로그램을 활용하면 다양한 주제를 생생하게 공부할 수 있겠죠. 가령, 지리 시간에 눈앞에서 화산이 폭발하는 장면을 볼 수도 있고, 생물 시간에는 교실에 거대한 고래가 헤엄쳐 다닐 수도 있어요.

여러 실험 결과에 의하면 인간은 로봇이나 모니터로 배울 때보다 사람에게 배울 때 학습 효과가 더 높다고 해요. 아마 인간의 뇌가 다른 사람이 하는 것을 모방하고 연습하며 발달하기 때문인지도 몰라요. 동물들이 어릴 때 야생 세계를 보고 배우듯, 인간도 다른 사람을 보며 배운답니다. 그렇게 보면 로봇 선생님은 그다지 좋은 아이디어가 아니겠네요. 그래도 로봇 보조 교사는 수업에 도움이 될 거예요.

인간의 뇌에 컴퓨터 칩을 이식한다면(17쪽 참조) 무언가를 배울 필요가 있을까요? 컴퓨터 칩으로 지식을 얻을 수 있을지는 몰라도, 인간은 컴퓨터의 지배를 원하지 않을 거예요. 스스로 생각하고 스스로 통제하고 싶어할 테니까요. 그렇다면 미래에도 학교는 사라지지 않을 것이고, 학생들은 여전히 숙제를 해야겠죠!

우리가 버리는 플라스틱은 몇백 년이 지나도 썩지 않아요. 이 플라스틱이 산이나 바다로 가게 되면 야생 동물들에게 치명적인 위협이 될 수 있어요. 이 문제를 해결할 한 가지 방법은 플라스틱을 먹는 미생물을 이용하는 거예요. 이 미생물은 플라스틱을 먹은 다음 화학 물질의 일종인 효소를 분비해 재활용할 수 있는 성분으로 분해해요.

심지어 박테리아의 도움으로 똥에서도 에너지를 얻을 수 있어요. 이미 박테리아에게 개똥을 먹이로 주어 에너지를 얻는 도시들이 있답니다. 이런 과정을 '혐기성 소화'라고 해요. 박테리아가 먹이를 먹을 때 가스가 생성되는데 이를 이용해 전기나 자동차에 필요한 동력을 만들지요. 어떤 배설물이든 안전하게 비료로 만들 수 있어요. 인간의 똥도 마찬가지고요.

재활용 방식은 나날이 발전하고 있어요. 예를 들어 에어로겔이라고 하는 새로운 물질은 기름이나 석유 유출물 등을 잘 흡수하는데, 버려진 과일로 만들 수 있어요. 바나나 껍질이나 먹다 남은 감귤, 양배추 잎 등 버려진 과일을 가공해 실리콘 유형(모래와 유리에서 발견되는)과 섞으면 에어로겔이 만들어진답니다. 이 물질은 공기보다 가볍고 환경에도 안전하고 많은 양의 액체를 흡수할 수 있어요.

재활용은 굉장히 중요해요. 쓰레기를 쓰레기라 부를 게 아니라 재활용품이라고 부르는 것도 좋은 생각인 것 같아요. 우리 모두 재활용 문제를 더 열심히 고민해 봐요!

재활용 센터에서는 박테리아로 쓰레기를 분해하는 기술을 사용해요.

버리는 물건 처리해 드립니다!

헌 옷과 장난감을 기부해 줘 고마워요!

재활용은 여기서

미래를 더 깨끗하고 안전한 곳으로 만들려면 우리가 사용하는 물건들을 재활용하는 것이 굉장히 중요해요. 과학자들은 미래에 이용할 새로운 재활용 방식을 연구하고 있답니다.

음식물 쓰레기로 친환경 전기 생산

플라스틱 분해 미생물로 바다 오염 방지

개똥으로 가로등 점등

과일 처리기

플라스틱 분해 처리기

개똥 처리기

인간의 똥으로도 에너지를 얻을 수 있어요. 70가구의 똥이면 자동차 한 대가 1년간 달릴 수 있죠.

초소형 기계들 집합!

여기 아주 유용한 꼬마 친구들이 있어요!

미래에는 드론부터 나노 로봇에 이르기까지 눈에 보이지 않을 정도로 작은 기계들이 아주 유용하게 사용될 거예요.

미래에는 물고기처럼 떼를 지어 다니는 미니 드론들이 생길 거예요. 이미 올림픽 같은 행사에서 작은 드론들을 활용해 하늘에 근사한 장면을 연출하기도 했지요. 미래에는 무리 지어 다니는 작은 드론들이 여러 가지 일을 할 수 있어요. 다리나 건물에 페인트칠도 할 수 있고요.

현미경으로만 볼 수 있는 아주 작은 로봇인 나노 로봇 떼도 사용될 수 있어요.(21쪽 참조) 예를 들면 미세하게 손상된 전기 회로를 나노 로봇 무리가 채워 작동시킬 수도 있죠. 미래에는 다리에 생긴 균열이나 오래된 건물의 손상된 부분에 나노 로봇 떼가 들어가 공사를 할 수도 있어요.

'어셈블러'라고 불리는 특별한 나노 로봇은 분자들을 결합하여 다른 나노 로봇을 만들 수 있어요. 심지어는 나노 로봇 떼를 만들려고 자신들을 계속해서 복사하기도 해요.

이 드론 떼가 힘을 합쳐 다리 공사를 할 거예요.

초소형 기계의 크기

요즘은 클립만큼 작은 드론을 만들 수 있어요. 나노 로봇은 크기가 너무 작아서 나노미터(10억분의 1미터)와 마이크로미터(1마이크로미터=1,000나노미터) 단위를 사용해요. 75,000나노미터는 사람의 머리카락 한 올 정도 굵기랍니다.

나노 로봇은 모양이 아주 다양해요. 주사위 모양도 있고, 튜브나 창 같은 모양도 있지요. 크기도 100나노미터부터 10마이크로미터에 이르기까지 다양하답니다.

2018년, 프랑스 과학자들이 나노 로봇을 활용하여 아주 작은 집을 지었어요. 높이가 0.015mm로 굴뚝과 여러 창문이 있어요.

400배 확대

미래로 가는 길
로봇에 탑승하세요!

3번 자동차, 색이 파란 걸 보니 자신 만만하네요.

공중 부양 자동차는 바퀴로 달리는 자동차보다 훨씬 빨라요.

로봇 자동차 경주에서 일정 구간은 로봇이 혼자 운전하고 커브 구간에서는 운전자가 기량을 뽐내며 운전할 수 있어요.

지금도 수많은 아이디어가 쏟아져 나오기 때문에 미래에는 어떤 운송 수단이 나올지 예측하기 어려워요. 최근에는 일반 자동차가 경주용 자동차로 자동으로 바뀌는 기술을 연구 중이에요.

미래의 자동차들은 앉을 수 있는 로봇에 가까울 거예요. 스스로 운전도 하고, 주차 공간에 맞게 자동차 형태도 바꾸고, 심지어 색상도 척척 바뀌겠죠. 미래의 자동차 경주는 정말 짜릿할 거예요. 자동차 색이 운전자의 기분에 따라 변할 수도 있어요. 경기를 관람하는 팬들은 자동차 색만 보고도 자신이 좋아하는 운전자가 최고 속력을 내면서 기분이 좋은지, 긴장했는지, 불안해하는지 알 수 있겠죠.

미래의 자동차는 차 밑에 설치된 자력을 이용해 공중에 뜰 수 있을 거예요. 바퀴가 없으면 훨씬 빠르게 달릴 수 있답니다. 하지만 공중 부양 자동차가 나오려면 도로에도 자석이 설치되어야 해요.

미래에는 모든 차가 환경 오염을 일으키는 연료 대신 전기로 달릴 거예요. 이런 차는 배터리나 수소 연료 전지에서 동력을 얻는데, 수소 연료 전지는 수소 가스를 공기 중의 산소와 결합해 전기를 만들어요. 이미 조류나 하수 오물에서 생긴 가스를 이용한 친환경 연료로 주행하는 차들이 있답니다.(32쪽 참조) 어쩌면 미래에는 굉장한 친환경 연료가 나올지도 몰라요.

수상 도시

바다 위에 살아요!

바닷가 연안에 떠 있는 수상 도시가 생길 수도 있어요. 도시의 공간이 점점 부족해지고 전 세계 해수면이 높아지고 있거든요. 공학자들과 건축가들은 물 위에서 사는 새로운 방법과 기후 변화로 인한 홍수에 대처하는 방법을 연구하고 있답니다.

플랫폼은 풍력과 조력을 이용해요.

해양 기술자들은 얕은 물에 묶어서 고정한 콘크리트 플랫폼에 주택, 항만, 농장, 공원 등을 만드는 계획을 세우고 있어요. 여러 플랫폼을 합치고, 둘레에 악천후에 대비한 방벽을 쌓으면 거대한 섬이 탄생하지요. 이 미래의 섬에는 뱃멀미를 막아 주는 장치도 있을 거예요. 수상 도시는 반드시 친환경적이어야 해요. 미래의 수상 도시는 풍력 발전기로 전기를 공급할 수 있을 거예요. 바다에 설치한 풍력 발전기는 바람이 불면 날개가 돌아가면서 전기를 만들어요. 밀물과 썰물을 이용해 전기를 만드는 조력 발전기를 사용할 수도 있지요.

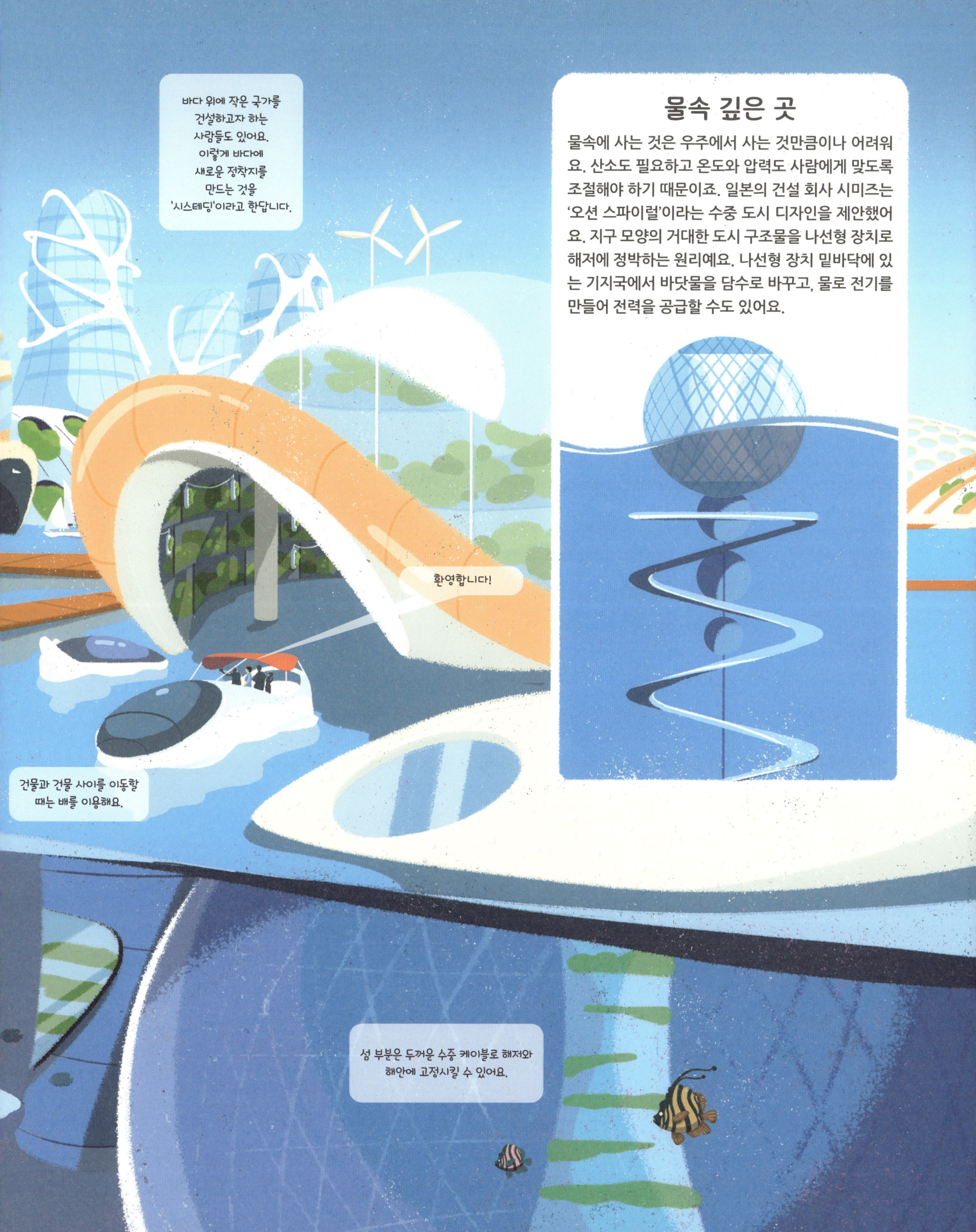

물속 깊은 곳

물속에 사는 것은 우주에서 사는 것만큼이나 어려워요. 산소도 필요하고 온도와 압력도 사람에게 맞도록 조절해야 하기 때문이죠. 일본의 건설 회사 시미즈는 '오션 스파이럴'이라는 수중 도시 디자인을 제안했어요. 지구 모양의 거대한 도시 구조물을 나선형 장치로 해저에 정박하는 원리예요. 나선형 장치 밑바닥에 있는 기지국에서 바닷물을 담수로 바꾸고, 물로 전기를 만들어 전력을 공급할 수도 있어요.

바다 위에 작은 국가를 건설하고자 하는 사람들도 있어요. 이렇게 바다에 새로운 정착지를 만드는 것을 '시스테딩'이라고 한답니다.

환영합니다!

건물과 건물 사이를 이동할 때는 배를 이용해요.

섬 부분은 두꺼운 수중 케이블로 해저와 해안에 고정시킬 수 있어요.

매머펀트 사파리

현대 과학은 멸종 위기에 처한 동물들을 살리는 데도 쓰인답니다. 오래전 멸종된 동물도 되살릴 수 있을까요?

동물의 세포에는 DNA 코드가 있어요. DNA는 생명체의 모양과 성장을 조절하는 요소들이 모두 담긴 목록이라고 할 수 있어요. DNA 일부를 '유전자'라고 하고, 모든 유전자를 통틀어 '게놈'이라고 해요. 두 가지 비슷한 종류의 동물에게서 각각 DNA를 추출해 결합하면 새로운 동물을 만들어 낼 수 있어요. 언젠가는 러시아 시베리아에서 털북숭이 매머드를 다시 볼 날도 올 거예요.

멸종된 동물의 몸에서 DNA를 추출하려면 일단 몸 일부라도 찾아야 해요. 2013년, 약 4만 년 전에 죽은 매머드가 동토에서 꽁꽁 언 채 발견되었답니다. 그 매머드의 몸에서 DNA를 추출했는데, 코끼리의 DNA와 99% 유사했어요. 과학자들이 매머드의 유전자와 코끼리의 유전자를 조합해 어미 코끼리에게 주입하면 코끼리가 매머드를 임신할 수도 있어요. 이렇게 코끼리와 매머드의 조합으로 태어난 아기는 매머펀트라고 부를 수도 있겠네요. 미래에는 매머펀트 사파리를 구경할 수 있을지도 몰라요.

털북숭이 매머드가 돌아온다!

드론이 매머펀트의 건강 상태를 확인해요.

구조용 드론

과학의 도움으로 동물을 보호할 수 있어요. 예를 들어, 드론을 띄워 야생 동물들을 방해하지 않고도 관찰할 수 있지요. 스놋봇은 고래의 건강을 확인하는 드론이에요. 고래 위를 맴돌다가 고래가 수면 위에 내뿜는 콧물을 수집해서 고래에 관한 많은 정보를 알 수 있답니다.

수의사는 매머펀트 드론에서 중요한 정보를 다운로드 해 확인해요.

오늘은 모두 건강해.

DNA를 이용하면 공룡을 부활시키거나 공룡 DNA를 새나 파충류와 조합할 수도 있을까요? 아마 어려울 거예요. 공룡은 6600만 년 전에 멸종했는데, DNA는 그렇게 오래 보존되지 않거든요. 지금까지 발견된 것 중 가장 오래된 DNA는 70만 년 전 죽은 말의 DNA예요. 어떤 동물을 다시 되살릴 수 있을지는 아직 아무도 모른답니다.

생명 공학자들은 멸종 위기에 처한 동물의 DNA를 보존할 수도 있어요. 예를 들면, 시베리아 흰두루미의 DNA를 보존해서 멸종을 늦출 수 있어요.

친환경 비행기

오늘날 비행기들은 공기를 오염시키는 제트 연료를 태우면서 하늘을 날아요. 그래서 비행기 설계자들이 친환경적인 비행기를 만들기 위해 열심히 연구하고 있답니다.

빠르고 깨끗하게!

단거리를 비행하는 비행기는 제트 연료 대신 전기를 사용할 수도 있어요. 하지만 장거리 비행에 맞는 배터리를 만들기는 아직 어려워요. 2016년, 스위스의 비행기 '솔라 임펄스 II'는 세계 최초로 태양 에너지를 이용해 비행했지만 도중에 여러 번 멈춰야 했답니다. 언젠가는 비행기 날개에 태양광 전지를 달거나 수소 연료 전지를 활용할 수도 있어요.

이 울퉁불퉁한 날개는 혹등고래에서 영감을 받았어요.

회전하는 엔진을 이용해 수직으로 이착륙할 수 있어요.

미래의 비행기는 지금과는 많이 다를 거예요. 오늘날의 비행기보다 매끈한 몸통으로 디자인되어 대기를 더 잘 통과할 수 있을 거예요. 하지만 날개는 매끄럽지 않은 형태일 거예요. 혹등고래 지느러미의 울퉁불퉁한 면을 모방한 날개 디자인이 연구 중이거든요. 과학자들은 혹등고래가 울퉁불퉁한 지느러미 덕분에 물속에서 방향을 쉽게 바꿔 먼 거리를 이동할 수 있다는 사실을 발견했어요. 비행기 날개에 이 원리를 적용하면 공기를 통과하기가 더욱 수월해지겠죠.

과학자들은 비행기가 고장 난 날개를 스스로 고치는 기술을 연구 중이에요. 사람의 몸에 작은 상처가 생기면 딱지가 앉아 스스로 치유되는 것처럼 말이에요. 이처럼 비행기 날개에 작은 균열이나 손상이 생기면 화학 물질을 흘려보내는 마이크로캡슐을 장착하는 방법도 연구 중이에요. 기계가 스스로 치료할 수 있다면 수명도 훨씬 길어지겠죠.

우주 경주

로켓처럼 대기권 바깥을 비행하는 비행기도 있어요. 공기 저항으로 느려질 일이 없으니 시속 6,115kph까지 속도를 낼 수 있어요. 그러면 몇 시간 만에 지구 한 바퀴를 돌 수도 있어요. 오늘날 제트기의 속도는 약 930kph 정도랍니다.

태양 전지를 많이 달려면 날개도 넓어야겠죠.

커다란 창문이나 투명한 벽이 달린 비행기를 제안하는 설계자들도 있어요.

델타윙은 삼각형 모양의 날개를 말하는데, 효율이 좋아서 앞으로 더욱 많아질 거예요.

태양광 항해
태양이 밀어 주는 우주 돛단배

우주 탐험을 할 수 있는 다양한 우주선들이 개발되고 있어요. 태양 빛으로 우주를 항해하는 로봇 선원들도 있을 거고요.

'태양광 항해(솔라 세일)'란 태양 빛을 반사하는 얇고 넓은 반사판을 붙인 소형 로봇 우주선이에요. 태양광 항해는 태양 빛에서 추진력을 얻어 우주를 유영하는 방식으로, 바람으로 움직이는 요트 항해와 비슷해요.

태양광 항해는 속도가 붙으려면 시간이 좀 걸리지만 일단 속도가 붙으면 굉장히 빨라져서 시속 24만 킬로미터 혹은 그 이상으로 항해할 수도 있어요. 아주 먼 거리의 우주를 탐험하기 좋겠죠. 예를 들어 태양광 항해 탐사선은 약 5년 정도면 명왕성에 도달할 수 있을 거예요. 지금보다 두 배에 가까운 속도지요. 태양광 우주선은 태양 빛을 받는 각도를 바꿔 가며 속도를 조절할 수 있어요.

깊은 우주로 나간 태양광 우주선이 보낸 통신이 지구로 전달되려면 아주 길고 긴 시간이 걸릴 거예요. 우주선에서 보낸 메시지는 그 배를 처음 만든 과학자들의 손주 혹은 증손주가 받게 될지도 모르겠네요.

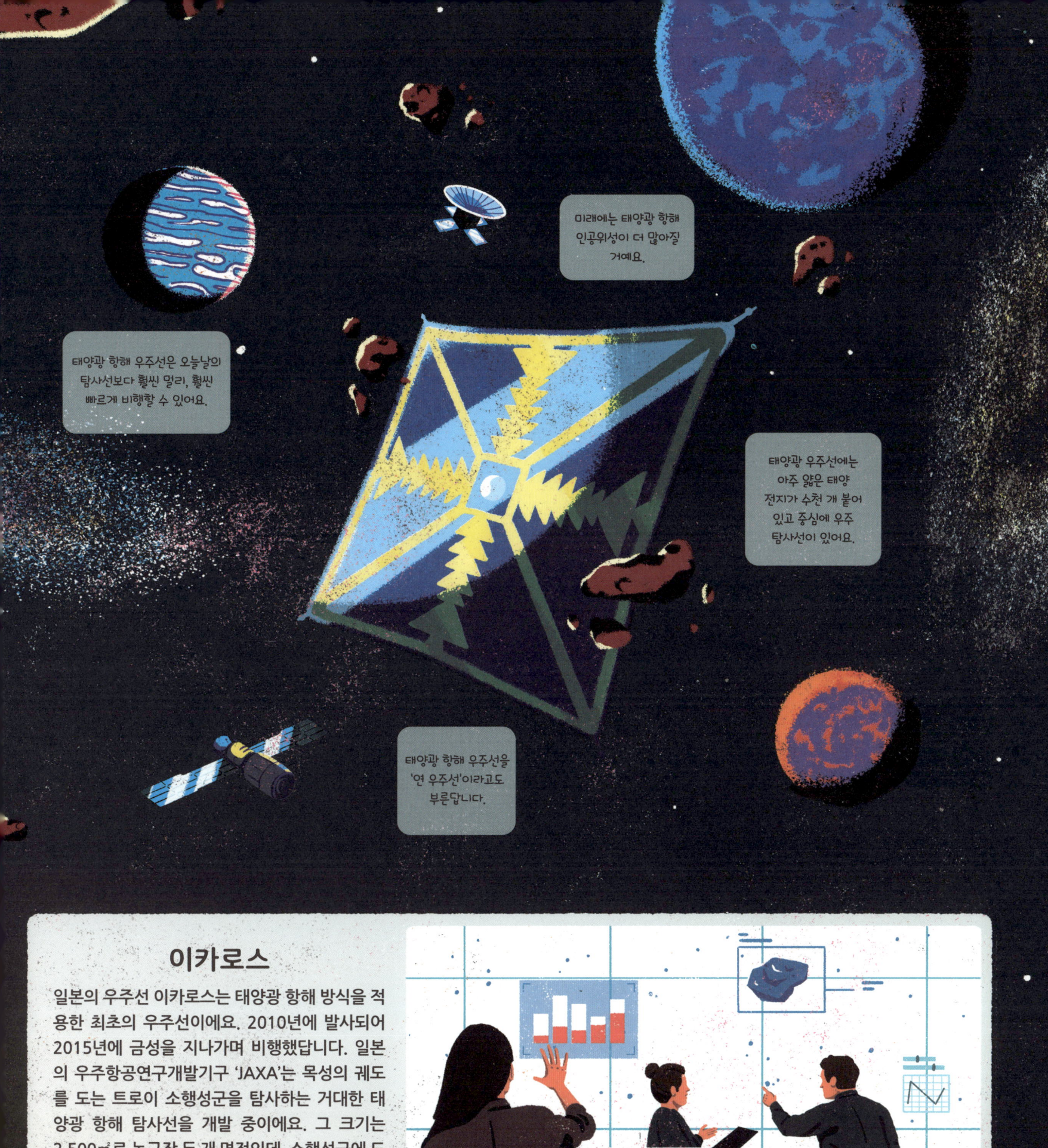

미래에는 태양광 항해 인공위성이 더 많아질 거예요.

태양광 항해 우주선은 오늘날의 탐사선보다 훨씬 멀리, 훨씬 빠르게 비행할 수 있어요.

태양광 우주선에는 아주 얇은 태양 전지가 수천 개 붙어 있고 중심에 우주 탐사선이 있어요.

태양광 항해 우주선을 '연 우주선'이라고도 부른답니다.

이카로스

일본의 우주선 이카로스는 태양광 항해 방식을 적용한 최초의 우주선이에요. 2010년에 발사되어 2015년에 금성을 지나가며 비행했답니다. 일본의 우주항공연구개발기구 'JAXA'는 목성의 궤도를 도는 트로이 소행성군을 탐사하는 거대한 태양광 항해 탐사선을 개발 중이에요. 그 크기는 2,500㎡로 농구장 두 개 면적인데, 소행성군에 도착했다가 귀환하려면 엄청난 태양 에너지가 필요해요. 출발에서 귀환까지 30여 년이 걸리겠지만, 이때 탐사선이 채취한 소행성 샘플은 태양계 탄생의 비밀을 이해하는 데 큰 도움을 줄 거예요.

우주 엘리베이터
달로 가는 엘리베이터, 지금 출발!

달에 빨리 가고 싶다면 비싸고 위험한 연료로 가득 찬 로켓을 타고 우주로 날아가야 해요. 하지만 미래에는 우주선보다 훨씬 저렴하고 안전한 엘리베이터를 타고 우주에 가게 될 수도 있어요.

우주 엘리베이터를 만들기 전에 해결해야 할 몇 가지 과제들이 있어요. 지금 우리가 사용하는 그 어떤 케이블보다도 강하고 가벼운 케이블을 만들어야 하죠. 과학자들은 이런 케이블을 위한 새로운 분자를 개발해야 해요. 1990년대에 이렇게 만들어진 분자가 작은 원통 모양의 카본 나노튜브예요. 카본 나노튜브는 강철보다 100배 강하고 10배 가볍지만, 우주 엘리베이터 케이블로 사용하려면 이보다 훨씬 더 강하고 가벼워야 한답니다.

우주 엘리베이터가 인공위성이나 우주 쓰레기, 소행성 등과 충돌하지 않는 방법도 찾아야 해요. 어쩌면 이 문제는 '레이저 빗자루'로 해결할 수도 있을 거예요. 레이저 빗자루는 지구에서 발사한 레이저 광선이에요. 언젠가는 여러분이 이런 문제들을 해결할 수도 있어요.

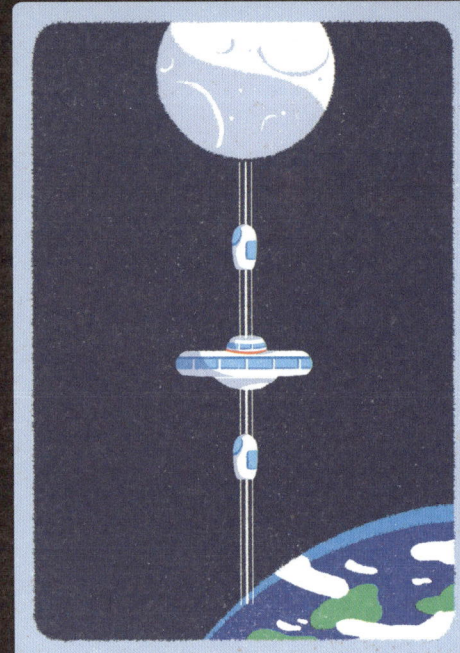

케이블로 지구 궤도에 있는 정거장과 베이스 정거장을 이어요. 달로 이어지는 케이블도 있어야겠지요.

오늘날 지구상에 존재하는 그 어떤 물질보다도 강하고 가벼운 초강력 케이블이 필요해요.

우주로 가는 엘리베이터는 지구에 있는 정거장에서 출발할 거예요. 이 엘리베이터는 아마 지구상에서 가장 높은 타워가 되겠죠. 폭풍 같은 날씨 문제에 방해받지 않는 떠 있는 플랫폼에 정거장이 생길 수도 있어요.

우주 호텔
로켓을 타고 떠나는 휴가

지구 궤도에 있는 호텔에 머물러 볼까요? 언젠가 그런 날이 온다면 더없이 편안한 휴가가 될까요, 아니면 악몽 같은 휴가가 될까요?

이미 지구 궤도에 우주 정거장 호텔을 설립하는 계획이 세워지고 있지만, 어려운 과제들이 아직 많아요. 일단 사람들이 무중력 상태에 익숙해져야 돼요. 여러분도 알다시피 우주 비행사들도 무중력 상태에서는 멀미를 하기도 하거든요. 우주 멀미는 뱃멀미와 비슷해요. 멀미가 나아지려면 며칠 정도 걸릴 수도 있어요.

인공 중력을 만들려면 우주 호텔이 빙글빙글 돌아야 해요. 호텔 전체를 이렇게 설계하긴 어렵지만, 일부 구간을 회전하도록 만들어 중력이 있는 달리기 트랙이나 수영장을 만들 수는 있겠죠. 인공 중력이 없다면 수영장 물도 거대한 덩어리로 둥둥 떠다닌답니다.

지구의 대기는 태양에서 오는 위험한 방사선을 막아 줘요. 그런데 우주 궤도를 도는 호텔은 보호막이 훨씬 적어서 승무원과 승객들은 방사선을 차단해 줄 튼튼한 옷을 입어야 해요. 가끔 태양 표면이 폭발할 때는 아주 강렬한 방사선이 뿜어져 나오기 때문에 위험이 더욱 커진답니다. 호텔에는 태양 표면 폭발에 대비해 대피소도 마련되어야겠죠. 태양 표면 폭발 경고가 울리면 승객과 승무원이 대피할 수 있도록 말이죠. 2017년, 실제 큰 규모의 태양 표면 폭발이 일어나는 바람에 국제 우주 정거장의 비행사들이 모두 대피소로 대피해야 했답니다.

호텔 주위를 돌며 인공 중력을 만드는 실내 수영장에서 투숙객들은 수영을 즐길 수 있어요.

훈련을 받은 고객들만 우주 유영을 예약할 수 있습니다.

투숙객들은 굉장히 멋진 광경을 감상할 수 있어요. 우주 호텔이 국제 우주 정거장처럼 지구를 90분마다 한 바퀴씩 돈다면, 24시간 동안 16번의 일출과 일몰을 감상할 수 있답니다.

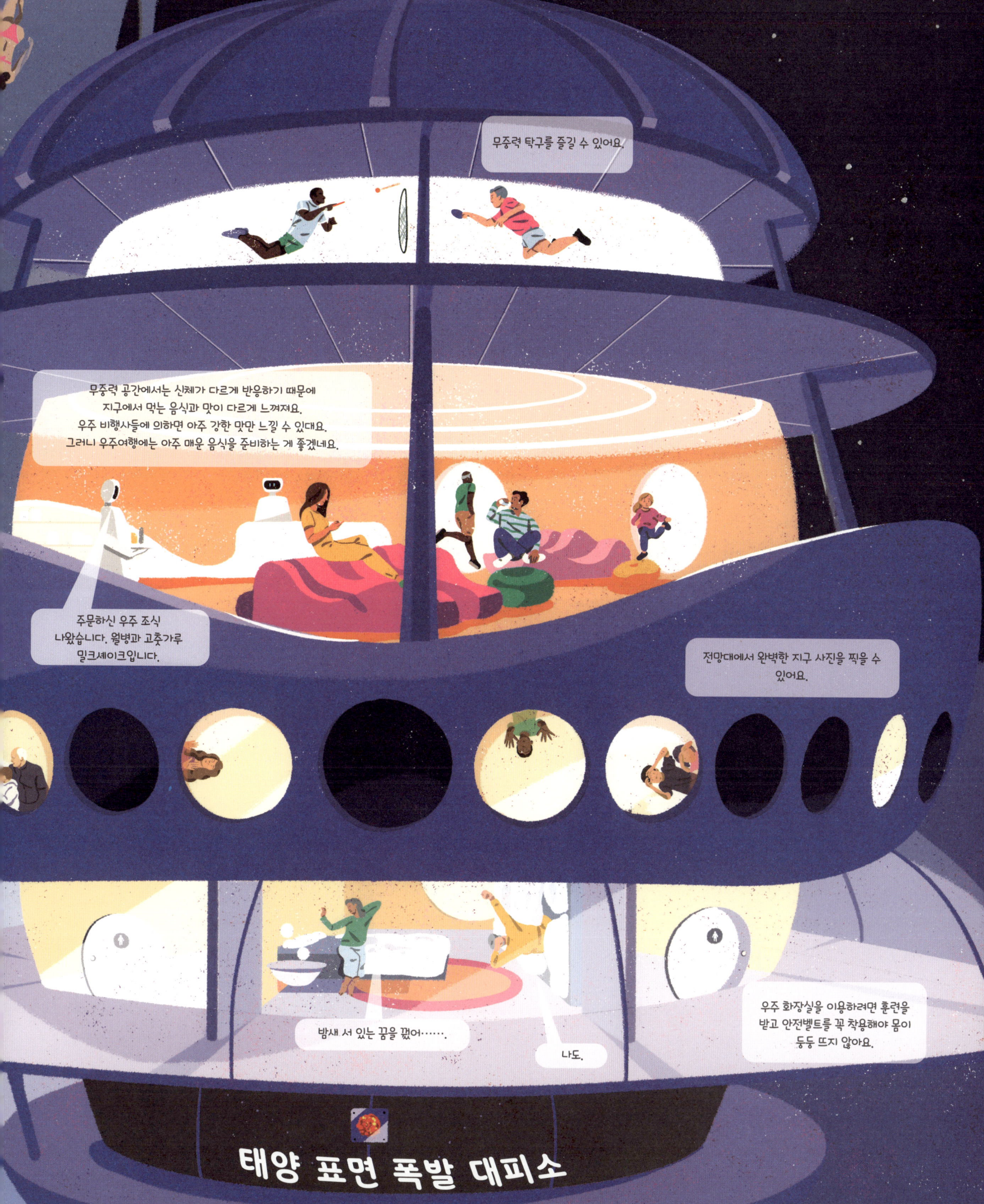

소행성 발굴

우주의 금과 물을 발견해 보아요.

소행성에 물이나 희귀하고 값비싼 금속이 있을까요? 이미 소행성 탐사를 위한 계획들이 진행 중이에요. 어쩌면 귀중한 자원을 채굴해 부자가 될 수도 있겠네요.

소행성 물
우주 암반수
맛이 끝내줍니다!
우주에선 갈증은 금물

우주의 물

얼어붙은 물을 내포하고 있는 소행성도 있어요. 뜨거워진 탐사침을 쏴서 표면이 녹으면, 그 물을 우선 기체 상태로 저장한 후 다시 액체 상태로 만들어 우주선으로 보내 사람들이 마실 수 있게 합니다. 그 물을 (우주선 연료용)수소와 (우주 비행사들의 호흡용)산소로 분해할 수도 있어요.

소행성의 암석을 우주 여객선을 이용해 지구로 옮길 수 있어요.

소행성에 로봇 채굴기를 설치할 수도 있어요. 채굴한 암석은 우주선 안에서 가공될 거예요.

지구 주위에는 우주선을 보낼 수 있을 정도로 가까운 소행성들이 아주 많아요. 이미 몇몇 소행성에는 로봇 탐사선을 보내 조사하고 있답니다. 금이나 백금처럼 귀하고 비싼 금속이 다른 소행성에 풍부할 수도 있어요.

소행성 표면에 채굴 기지를 설치하기는 매우 어려워요. 중력이 약해서 모든 것이 둥둥 떠다니기 때문에 아무것도 고정할 수 없거든요. 하지만 최근 오스트리아 빈 대학교의 과학자들은 소행성에 채굴 광산을 건설할 수 있는 방법을 제시했어요. 정말 그렇게 된다면 로봇이 위험한 채굴 작업을 하고, 광산에서 얻은 금속은 우주선에 실어 지구로 보낼 거예요.

채굴할 소행성은 아주 신중하게 골라야 해요. 단단한 소행성도 있지만 어떤 소행성들은 암석 조각들로 이루어져서 채굴기가 착륙하기에 매우 불안정할 수도 있어요.

로봇 탐사선을 보내 작은 소행성을 포획하는 연구도 진행 중이에요. 이렇게 포획한 소행성을 달 궤도로 보내 우주 비행사들의 착륙 기지로 활용하거나 연구를 위해 지구로 가져오는 방법도 계획 중이랍니다.

로봇 채굴 장치가 소행성에서 채굴 작업을 해요.

우주 탐사선이 소행성이 탐사 가치가 있는지 분석할 수 있어요.

화성으로 오세요
식민지로 가실 분 모십니다…… 용기는 필수!

2150년이면 인간이 화성에 최초의 식민지를 건설할 수 있을지도 몰라요. 화성은 지구와 가장 가까운 행성이고, 소행성 채굴 작업을 위한 기지로도 활용할 수 있답니다. 하지만 화성에서의 삶은 그리 쉽지 않아요.

지구에서 화성까지 가려면 몇 달 정도 걸려요. 그러니 화성으로 먼 여행을 가려면 필요한 것들을 잘 챙겨야겠죠. 또 화성에는 많은 위험이 도사리고 있어요. 화성의 대기는 인간에게 치명적이에요. 뼈가 얼어붙을 정도로 추운 데다, 사납게 날뛰는 모래 폭풍이 몇 달씩 이어진답니다. 화성에서 바깥에 나가려면 반드시 호흡 장비와 보호복을 착용해야 해요.

작업하는 사람들은 미니 우주선으로 화성과 화성의 위성에 설치한 기지를 오갈 수 있어요.

이미 화성 우주복들을 시험하고 있답니다. 화성에서 입을 우주복은 아주 튼튼하고 보호 기능도 뛰어나야 해요.

화성에서 보내는 인사

화성에서 휴가를 보낼 날이 올지도 몰라요! 화성은 지구와 다르지만, 별을 관찰하고 거대한 협곡과 화산, 동굴, 분화구 등을 탐험하기에 더없이 멋진 장소랍니다.

화성의 두 위성에 기지를 설치하면 방사선과 유성 충돌 위험이 적을 수도 있어요.

지구에서 보낸 부품들을 화성에서 조립해 지구로 귀환할 우주선을 만들 수도 있어요.

모래 폭풍이 흔해요.

화성에서 전력 공급용 태양 전지판을 닦는 일처럼 외부에서 하는 작업은 대부분 로봇이 하게 될 거예요.

모듈 안에 여가 시설과 식량을 공급하는 실내 농장이 설치될 거예요.

화성의 건축물은 주로 조립식 모듈 형태로 만들어질 거예요. 모듈과 모듈 사이는 터널로 잇고요. 모듈 안에는 침실과 작업실, 조명을 이용해 자라는 온실 등이 설치될 거예요. 화성에 짓는 구조물은 강한 방사선과 유성 충돌로부터 인간과 내부 시설을 보호하는 덮개가 반드시 필요해요. (화성은 지구보다 유성 충돌이 200배나 더 자주 일어난답니다!)

테라포밍 시대
붉은 행성 가꾸기

화성을 지구와 좀 더 비슷한 환경으로 만들 수 있을까요? 다시 말하면 인간이 거주하기 좋은 곳으로 만들 수 있을까요? 이런 방식으로 행성을 바꾸는 것을 '테라포밍'이라고 해요. 과학자들은 여러 가지 테라포밍 아이디어를 제시하고 있답니다.

화성의 얼음을 녹여 연못과 강을 만들 수 있어요. 이곳에서 물고기가 알을 낳으면 수중 생태계에 먹이가 공급되고 물에 영양분이 많아져 화성이 더욱 비옥해지겠죠.

화성은 중력이 낮아서 거주자들은 매일 뼈와 근육을 단련하는 운동을 해야 한답니다.

화성을 테라포밍한다는 것은 화성의 환경을 지구와 비슷하게 만든다는 의미예요. 인간이 숨 쉴 수 있도록 산소가 풍부한 대기로 만드는 거죠. 기온을 따뜻하게 하고, 신선한 물을 공급하고, 지표면에 식물이 살 수 있도록 하는 것도 테라포밍이에요. 화성 전체를 이렇게 바꾸려면 어마어마하게 힘이 들 거예요. 하지만 미래의 과학 기술을 이용하면 화성의 아주 작은 한 구역 정도는 이렇게 바꿀 수 있을 거예요.

지구는 대기층이 두꺼워요. 대기층이란, 지구를 감싸고 있는 기체층을 말해요. 그런데 화성은 대기층이 너무 얇아서 화성 전체의 대기층을 두껍게 만들기는 매우 어려워요. 따라서 반드시 화성의 골짜기 위를 넓은 지붕으로 덮거나 거대한 돔을 만들어 그 안에서 테라포밍을 진행해야 해요. 돔이나 지붕 아래 공간의 대기를 지구와 비슷한 수준으로 만들고 물을 공급하는 거죠. 이렇게 거주지 전체를 거대한 보호 지붕으로 만드는 것을 '파라테라포밍'이라고 해요.

내부 기온이 쾌적하게 유지돼요.
하지만 외부 기온은 -60℃나 된답니다.

지구에서 가져온 미생물과 영양분으로 화성의 토양을 비옥하게 만들어요.

산소를 발생시키는 박테리아가 화성에서 살 수 있는지 알아보는 실험이 계획 중이에요. 이 박테리아는 극지 미생물일 거예요. 극지 미생물은 극한의 온도와 완전한 어둠에서도 살 수 있는 생물을 말해요. 만약 이 박테리아가 화성에서 생존하게 된다면 산소 농장이 만들어질 거예요. 박테리아가 산소를 가득 만들어 지붕 아래 공간에 인공 대기를 조성할 수 있겠죠. 이 실험을 진행하려면 로봇 탐사선이 밀봉한 용기에 담은 박테리아를 화성에 가져가 화성 표면에 고정해 두어야 해요.

우주 정원
새싹이 돋아나는 우주 씨앗들!

지구에서 멀리 떨어진 우주 식민지로 신선한 음식을 운송하기는 매우 힘들어요. 그래서 식물을 재배하는 실내 정원이 필요하답니다.

지구에도 실내에서 작물을 재배하는 실내 농장들이 있어요. 물과 영양분과 빛만 있으면 식물을 재배할 수 있죠. 실내 농장에서는 흙에 심는 방식 대신 수경 재배(뿌리를 수분이 많은 젤에 담아서 재배하는 방식)나 공중 재배(공중에 노출된 뿌리에 물과 양분을 뿌리는 방식) 방식을 이용해요. 우주 식민지에서도 상추나 토마토 같은 식용 작물을 구조물 벽에서 기르거나 공간을 절약하는 식물 타워를 만들어 재배할 수 있어요. 이미 우주 정거장의 우주 비행사들이 채소를 길러 샐러드를 만들어 먹는 것을 보면 우주에서도 식물이 자랄 수 있다는 것을 알 수 있죠.

그런데 과일 나무 같은 식물이 자라려면 흙이 필요해요. 요즘은 재활용 쓰레기에 화학 물질을 첨가해 인공 토양을 만들 수 있어요. 미래의 우주 식민지에 좋은 소식이죠. 흙은 지구에서 우주로 운반하기엔 너무 무겁거든요. 과학자들은 달이나 화성에 있는 미네랄에 화학 물질을 섞어 우주 토양을 만들고 싶어 해요.

지구에는 약 1,400종의 씨앗을 보관하는 씨앗 은행이 있는데, 씨앗 은행은 식물 도서관 같은 곳이에요. 전 세계 씨앗들 표본이 동결 건조 상태로 안전하게 보관되어 있어서 미래에 멸종될지도 모르는 식물을 보존할 수 있답니다. 언젠가 지구 궤도나 화성에도 씨앗 은행이 생기면 우주 식민지에서도 대체 식물을 키울 수 있겠죠.

과학자들은 식물의 유전자를 변형해 약을 만드는 방법을 연구하고 있어요. 우주 개척자들이 음식뿐 아니라 필요한 약을 만들어 사용할 수 있도록요. 기나긴 우주여행을 하는 우주 비행사들은 뼈가 약해지기 쉬워요. 그래서 런던 대학의 연구원들은 상추의 DNA를 변형해 뼈를 치료하는 약을 만들었답니다.

우주 개척자들은 식물을 길러 스스로 약을 만들 수 있어요.

부드러운 손을 가진 로봇이 식물 재배처럼 섬세한 작업을 해요.

과학의 미래
멋지게 실행하기!

과학은 미래의 수많은 분야에서 대단한 활약을 보여 줄 거예요. 하지만 과학이 좋은 쪽으로 사용될까요, 나쁜 쪽으로 사용될까요? 그건 모두 우리에게 달렸답니다.

지금까지 우리는 과학이 미래에 어떤 도움을 줄지 살펴보았어요. 기계의 발전부터 완전히 자동화된 똑똑한 집에 이르기까지 다양한 미래의 과학을 엿보았지요. 하지만 인간이 로봇과 함께 살아가려면 서로 좋은 관계를 유지하도록 몇 가지 원칙을 만들어 두는 게 좋아요.

로봇이 지켜야 할 원칙

과학자이자 작가인 아이작 아시모프는 자신의 소설에서 로봇 제작자들을 위한 지침을 만들었어요. 이 지침들이 과학계에서 유명해졌답니다.

1. 로봇은 인간에게 해를 입혀서는 안 된다. 인간이 해를 입는 상황을 모른 척해서도 안 된다.

2. 1원칙에 위배되지 않는 한, 로봇은 반드시 인간에게 복종해야 한다.

3. 1원칙과 2원칙에 위배되지 않는 한, 로봇은 반드시 자기 자신을 지켜야 한다.

우리들이 지켜야 할 원칙

다음은 이 책의 저자가 제안하는 '미래 과학 지침' 이랍니다. 여러분은 이 생각에 찬성하나요, 반대하나요?

1. 지구에 도움이 되자

인간은 지구에 해를 끼치지 않는 새로운 발명품을 만들어야 해요. 그 발명품들이 지구의 환경 오염을 막는다면 더 좋지요. 이미 오염된 지구를 정화하는 데도 도움을 주어야 해요.

2. 모두에게 공정하자

미래 과학은 인간이 만든 컴퓨터 프로그램에 좌우될 거예요. 이 프로그램들이 인간을 차별하지 않는 것이 대단히 중요합니다. 로봇은 반드시 모든 사람을 공정하게 대하도록 프로그램되어야 합니다.

3. 과학 아이디어를 함께 이야기해요

과학에 관한 아이디어를 함께 나누며, 정말 우리가 원하는 것인지 아닌지 결정할 기회가 반드시 있어야 해요. 여러분은 이 책을 읽으며 마음에 들지 않는 기술이 있었나요? 왜 그것이 나쁜 아이디어라고 생각하나요? 앞으로 몇 년 안에 다가올 일들에 대해 읽고 들은 이야기를 함께 나눠 봐요.

4. 뭐든지 가능해요

여러분이 생각하는 놀라운 아이디어가 있나요? 지금은 불가능해 보일지 몰라도 몇 년 후에는 현실로 이루어질 수도 있어요. 언젠가는 여러분이 그 꿈을 현실로 만들 수도 있지요. 미래에는 기대할 것들이 아주 많아요. 어쩌면 여러분이 기여할 수 있을지도 몰라요.

용어 해설

고층 농장 건물
농장과 고층 건물을 합해서 만들어 낸 신조어로 실내에서 농작물을 재배하는 고층 건물

공중 재배
식물을 땅에 심지 않고 공중에 뿌리를 내리게 하는 재배 방식

극지 미생물
극단적인 환경에서 생존할 수 있는 미생물

나노 로봇
특정 업무를 수행하도록 설계된 입자 크기의 로봇

나노 발전기
압박이나 진동이 가해지면 에너지를 생성하는 작은 장치

나노 섬유
나노미터 단위로만 측정할 수 있는 아주 가는 섬유
1나노미터는 10억분의 1미터

나노 입자
인간의 눈으로는 볼 수 없는 아주 작은 입자

나노바이오닉 식물
빛을 내는 입자를 주입해 어둠 속에서도 빛을 내는 식물

뉴럴 링크(신경 연결)
인간의 뇌와 바이오닉 신체 기관 사이의 연결

마이크로캡슐
입자를 운반하는 데 사용되는 아주 작은 캡슐

바이오 섬유
발효 효모, 곰팡이, 조류 등으로 만든 직물

바이오 연료
식물이나 동물성 물질로 만든 연료

바이오 프린터
인간의 세포를 잉크처럼 사용해 사람의 신체 기관을 3D 프린터로 만드는 기계

바이오닉 기관
착용한 사람의 뇌에서 보내는 신호를 감지해 동작하는 신체 대체물

브레인터넷
인간의 뇌와 인터넷이 신호를 주고받는다는 개념

빗물 집수(저장)
빗물을 모아 재활용하는 방식

사이보그
로봇 신체 기관이 더해진 인간

생체 활성 물질
박테리아와 싸우는 데 도움이 되는 물질을 섬유나 페인트 등에 첨가한 것

센서
어떤 것을 감지하거나 측정해 정보를 컴퓨터 시스템에 전송하는 장치

수경 재배
식물을 흙 대신 물에서 키우는 방식

수생
물과 관련이 있으며, 물에서 자라거나 이뤄지는 모든 것

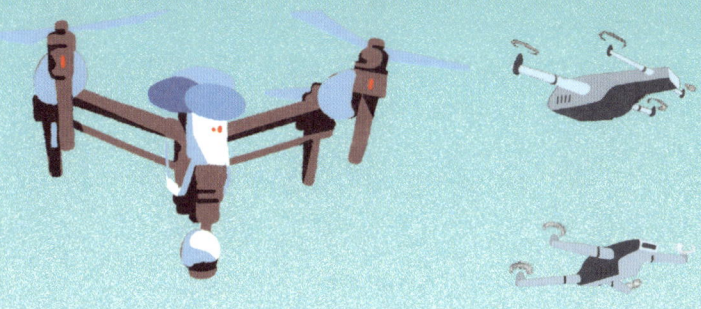

슈퍼인텔리전트
가장 똑똑한 인간보다도 훨씬 월등하게 업무를 수행하는 기계 장치

시스테딩
바다에 정착지를 만드는 활동

안드로이드
인간과 비슷한 생김에, 인간처럼 행동하도록 설계된 로봇

알고리즘
코딩으로 만든 일련의 절차와 명령의 집합으로, 컴퓨터 프로그램에 사용돼요.

에어로겔
기체로 채워진 아주 가벼운 겔

와류 방출 디자인
고층 건축물에서 강한 바람이 건물을 부드럽게 통과할 수 있도록 유선형 형태로 만든 디자인

외골격 옷
로봇 기능이 장착된 겉옷

음성 인식
인간의 음성 명령에 기계가 반응하는 것

조류
에서 자라는 녹색의 유기체. 연료나 섬유에 이용할 수 있으며 식품에도 사용될 수 있어요.

촉각 기술
진동이나 압박 센서로 촉감을 느끼게 해 주는 기술

카본 나노튜브
CNT라고도 하며, 카본 분자로 이루어진 아주 작은 튜브. 강철보다 100배 강해요.

태양광 항해
태양 전지를 부착한 크고 넓적한 우주 비행 장치로, 태양 빛으로 우주 항해에 필요한 동력을 얻어요.

풍력 발전
날개를 회전시켜 바람을 전기 에너지로 바꾸는 장치

해독
코드화된 메시지를 분석하는 작업

헤드기어
머리에 쓰는 장치. 미래에는 뇌 활동을 감지하고 소통을 돕는 센서 등이 달린 기능성 헤드기어를 많이 사용할 거예요.

혐기성 소화
박테리아가 식물이나 동물성 물질을 먹고, 그것을 연료로 사용할 수 있는 화학 물질과 연료로 분해하는 것

AI(인공 지능)
'Artificial Intellligence'의 약자. 인간처럼 업무를 수행하는 기계

AR(증강 현실)
3차원 이미지와 정보를 현실 세계에 겹쳐 보여 주는 기술

VR(가상 현실)
3차원 공간에 있는 듯한 효과를 주는 기술

찾아보기

ㄱ
가상 현실 14-15, 26, 61
고래 41, 43
고층 건물 18-19, 60, 61
곤충 12
공룡 26, 41
공중 공원 22-23
공중 재배법 56, 60
과학 원칙 58-59
국제 우주 정거장 6, 48
극지 미생물 55, 60

ㄴ
나노 기술 10, 12, 20-21, 22, 34-35, 60
나무 22-23, 56
농장 건물 19, 60
뉴럴 링크(신경 연결) 24, 25, 61

ㄷ
도시 18-19, 38-39
동물 8, 17, 23, 40-41
드론 27, 34-35, 41
똑똑한 집 8-9
똥 8, 32-33

ㄹ
로봇 6-7, 12-13, 19, 20-21, 27, 28, 34-37, 51, 53, 57, 58, 60, 61

ㅁ
마이크로캡슐 43, 60
매머드 40-41
물 9, 22-23, 38-39, 50, 54, 56-57

ㅂ
바이오 섬유 11, 60
바이오 연료 8, 37, 60
바이오 프린터 21, 60
바이오닉 기관 24-25, 60
박테리아 32, 55
병원 20-21
불쾌한 골짜기 28
브레인터넷 16-17, 60
비행기 42-43
빗물 집수 9, 23, 60

ㅅ
사이보그 24-25, 60
생체 활성 20-21, 60
섬유 10-11, 21
센서 7, 8, 14, 22, 25, 57, 60
소행성 45, 46, 50-51, 52
쇼핑 28-29
수경 재배 56
수소 연료 전지 37, 42
슈퍼인텔리전스 7, 61
스노봇 41
스포츠 26-27
시스테딩 39, 61
식물 8, 19, 22-23, 54, 56-57
식품 12-13

ㅇ
안드로이드 28-29, 61
알고리즘 7, 60
에너지 생산 8, 9, 10-11, 32-33, 38-39
에어로겔 32, 61
엘리베이터 46-47
옷 10-11, 14
와류 방출 19, 61
외골격 옷 24-25, 26, 61
요리 7, 9, 12-13
우주 27, 43, 44, 53, 56-57
원칙 58-59
유전자 40
음성 인식 10-11, 61
인공지능(AI) 7, 61

ㅈ
자동차 33, 36-37
재활용 32-33
조류 8, 11, 12, 61
중력 48-49, 51, 54
증강 현실 31, 61
집 8-9, 34, 38

ㅊ
촉각 기술 14-15, 61
치료 20-21, 56

ㅋ
카본 나노튜브 46, 61

ㅌ
태양 에너지 9, 10, 19, 42-43, 44-45, 61
테라포밍 54-55, 61
토양 22, 55, 56

ㅍ
풍력 발전 9, 38, 61
플라스틱 32, 33

ㅎ
학교 30-31
해독 17, 61
헤드기어 17, 61
혐기성 소화 32, 61
호텔 48-49
홀로그램 23, 31
화성 52-55
화장실 8, 49

기타
3D 프린터 12, 18, 21, 60
DNA 40-41, 56
OLEDS 10

감사의 글

이 책에 등장하는 미래의 모습은 저자의 의견을 화가들이 해석하여 그렸습니다. 하지만 우리는 각 분야에서 뛰어난 활약을 하는 전문가들의 의견을 고려해 이 책을 만들었습니다. 이 책에 도움을 주신 분들께 감사드립니다.

롭 워샘 Rob Wortham
박사, 이학사, 공학석사, 공학박사, 공인 공학사, CITP (공인 정보 기술 전문가),
MIET(엔지니어링&테크놀로지 협회 회원), BCS (영국 컴퓨터 소사이어티 선임 연구원)
영국 배스대학교 전자공학학과 로보틱스&오토노머스 시스템 기술 연구원

마틴 파슨스 Martin Parsons
영국 배스대학교 모션 분석, 엔터테인먼트 연구와 적용 센터 스튜디오 회장

카스 스미스 Cas Smith
생명공학자, 물질과학자 및 바이오패브리케이트 이사
www.biofabricate.co

아델리나 일라이 Adelina Ilie
영국 배스대학교 물리학과 나노사이언스&나노테크놀로지 센터 소장

앨리슨 카예 하비 Allison Kaye Harvey
A 조경건축가 PLA, 미국 조경건축가 협회 회원 ASLA
미국 필라델피아 OJB 조경건축 소속

알렉산드라 E 섹스톤 Alexandra E Sexton
인문 지리학 박사 취득 후 연구원.
영국 옥스퍼드 대학교 옥스퍼드 마틴 스쿨 재단법인 웰컴 트러스트
'가축, 환경, 인간' 연구원

파이피스트렐, 슬로베니아
www.pipistrel-aircraft.com

글 _ 모이라 버터필드

모이라 버터필드는 세계적으로 성공한 어린이 논픽션과 그림책 작가다. 모이라의 작품은 영국 학교 교과 과정에 채택되었으며, 미국 의회 도서관의 추천을 받기도 했다. 모이라는 모든 프로젝트에 진정성과 즐거움을 더하고 어린 독자들이 경이로운 세상을 배워 가는 것을 목표로 삼고 있다. 어린이책 블로그를 운영하고 있으며, 창의력 축제 워크숍을 열기도 한다. 영국 서머셋에 살면서 이따금 자전거로 이곳저곳을 다닌다.

그림 _ 파고 스튜디오

파고 스튜디오에는 한 여성과 두 남성, 여섯 개의 손, 세 개의 두뇌, 종이, 연필, 컴퓨터 마우스, 망가진 키보드와 선반, 종종 정신없이 쫓기는 마감, 이따금 오류가 나는 소프트웨어가 있다. 이들이 함께 연구하고 작업하는 이 스튜디오는 프랑스 낭트의 볼테르 거리에서 열린 작은 워크숍에서 결성되었다.